Charles Ernest Beulé

Murillo et l'Andalousie

Essai

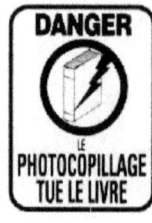 Le code de la propriété intellectuelle du 1er juillet 1992 interdit en effet expressément la photocopie à usage collectif sans autorisation des ayants droit. Or, cette pratique s'est généralisée dans les établissements d'enseignement supérieur, provoquant une baisse brutale des achats de livres et de revues, au point que la possibilité même pour les auteurs de créer des œuvres nouvelles et de les faire éditer correctement est aujourd'hui menacée. En application de la loi du 11 mars 1957, il est interdit de reproduire intégralement ou partiellement le présent ouvrage, sur quelque support que ce soit, sans autorisation de l'Éditeur ou du Centre Français d'Exploitation du Droit de Copie , 20, rue Grands Augustins, 75006 Paris.

ISBN : 978-1976528521

10 9 8 7 6 5 4 3 2 1

Charles Ernest Beulé

Murillo et l'Andalousie

Essai

Table de Matières

Murillo et l'Andalousie   6

Murillo et l'Andalousie

L'histoire est féconde en contrastes : malgré les lois générales qui semblent régir les circonstances, l'homme leur échappe par la liberté, le génie par ses caprices. Velasquez et Murillo, contemporains, nés dans la même ville, pauvres tous deux et portés vers la peinture par un penchant précoce, tous deux entourés de professeurs médiocres et ne voulant plus d'autre maître que la nature, s'enfermant l'un et l'autre dans les musées de Madrid pour y copier les chefs-d'œuvre de l'Italie et de la Flandre, arrivent l'un et l'autre à un but si différent, que Velasquez se fait le chef de l'école de Madrid et représente toute la fierté castillane, tandis que Murillo retourne à Séville pour y jeter l'école de peinture dans une voie nouvelle et devenir l'image la plus populaire du charme andalou. Je me suis efforcé de dire combien l'originalité de Velasquez a de puissance et d'affinité avec l'héroïsme espagnol ; il me reste à montrer comment le talent plus doux de Murillo exprime le caractère particulier de l'Andalousie.

Au temps de Richelieu et de Louis XIV, quand les esprits cultivés songeaient à l'Espagne, ils la voyaient à la façon du grand Corneille, chrétienne, altière, chevaleresque, et le Cid était le type idéal autour duquel se jouait leur fantaisie. De nos jours, l'Espagne apparaît aux imaginations telle que les poètes romantiques l'ont peinte, pleine de parfums, de plaisirs, de poésie galante ; c'est le pays des orangers, des sérénades, des yeux noirs, et l'Andalousie est la terre promise vers laquelle s'envolent bien des rêves. En cela comme en toutes choses, les deux époques manifestent leurs tendances diverses : le grand siècle voulait admirer, le nôtre a besoin de jouir. L'Andalousie en effet a reçu tous les sourires du ciel. Les races diverses qui l'ont occupée s'y sont successivement amollies. Dans l'antiquité, les bords du Bétis étaient déjà réputés un lieu de délices. Les Ibères ne purent point les défendre contre les Vandales, qui s'y énervèrent aussi vite qu'à Carthage. Les Arabes à leur tour y perdirent leur férocité, ils oublièrent même les préceptes du Coran pour apprendre la douceur de vivre, le goût des arts, la culture des lettres et les raffinements de la civilisation rapide. Les malheurs de l'Andalousie datent de la domination chrétienne. Le fanatisme des rois d'Espagne l'a dépeuplée à un tel point qu'il ne reste qu'un million d'hommes sur un sol qui nourrissait jadis huit millions d'habitants. Aujourd'hui Séville a gardé seule quelques-unes de ces séductions que la nature cesse d'offrir dès que la richesse et l'industrie humaine cessent de la féconder. Jaen et Murcie ne se souviennent plus qu'elles ont été des capitales florissantes. Cordoue, la ville des khalifes, est un amas de ruines entassées au bord du Guadalquivir ; seule, la mosquée, entourée d'orangers gigantesques, atteste une grandeur dont les traces mêmes seraient effacées, si le culte catholique ne se fût choisi un abri sous ses mille colonnes. Grenade, tant pleurée par les Maures, a conservé sa plaine fertile, ses étés, que rafraîchissent les neiges éternelles de la Sierra-Nevada, ses jardins, arrosés par le Xénil et le Douro, et surtout les divines arabesques de l'Alhambra mutilé ; mais la cité arabe n'est qu'une série de masures, les quartiers modernes le disputent en tristesse à nos villes de province les plus chétives, et les repaires que les gitanos se sont creusés au-dessous du Généralif ajoutent à ce tableau la touche suprême de la misère.

Pendant que les anciennes capitales arabes dépérissaient, l'heureuse Séville s'agrandissait, multipliant autour de la Giralda aux briques roses ses maisons, dont l'élégant atrium semble dérobé aux maisons de Pompéi. Sa prospérité avait la même source que celle de Venise, de Gênes, de Pise, — la navigation et le commerce. La rade de Cadix n'était point jugée alors un abri sûr pour les vaisseaux, qui remontaient le large Guadalquivir et s'amarraient aux quais de Séville. Séville était le port de l'Espagne sur l'Océan. De là partit Christophe Colomb avec ses caravelles ; là furent débarqués d'abord toutes les dépouilles du Nouveau-Monde, puis les trésors plus durables qu'acquérait un trafic régulier. La richesse appelle les arts : bientôt Séville eut une école de peinture. La richesse appelle surtout le luxe, et Se ville devint un séjour enchanté où se concentrèrent à la fois les traditions les plus efféminées de la chevalerie expirante, le côté choisi des mœurs et des usages arabes, quelque chose des pompes païennes sous le masque d'une dévotion accommodante, le bien-être cher aux marchands, l'indolence plus chère aux méridionaux, la mollesse amoureuse que le climat faisait pénétrer dans les veines, et par-dessus tout la passion des plaisirs. Séville n'était pas seulement le cœur de l'Andalousie, c'était l'Andalousie tout entière, telle du moins que se la figure le

XIXe siècle, qui circonscrit son horizon poétique entre don Juan et Figaro. Jusqu'à quel point les œuvres des peintres qui ont précédé Murillo rappellent-elles le caractère du pays qui les a inspirées ou lui sont-elles étrangères, il est aisé de le dire en peu de mots : cet aperçu fera mieux ressortir ce que la physionomie de Murillo a de national.

Ce ne fut qu'au XVIe siècle que la peinture prit à Séville quelque développement. Auparavant les artistes avaient altéré les traditions byzantines plutôt qu'ils ne les avaient suivies, en y mêlant l'imitation du style gothique. On peut leur attribuer une partie de ces retables en bois peint qui surmontent encore les autels et ces vierges archaïques que les Espagnols appellent *les Madones de l'antiquité*, et qui sont à peu près ce qu'étaient les *Vierges de saint Luc*[1] dans les églises grecques. La plupart des peintres du XVIe siècle étaient prêts en même temps non-seulement à orner à la détrempe les voûtes et les murs des chapelles, mais à colorier les statues de bois ou de terre cuite, dont le goût a toujours été si répandu en Espagne, les buffets d'orgues, les catafalques, les décors de la semaine sainte : les plus habiles ne rougissaient pas de tracer des sujets sacrés à la douzaine sur des morceaux de serge, tableaux économiques qu'on exportait en Amérique, et sur les étendards dont se pavoisaient les vaisseaux. On trouvera dans les dictionnaires biographiques presque tous les noms de ces décorateurs, et les archives de la cathédrale nous apprennent même quels furent ceux qui travaillèrent au monument colossal qu'on y éleva pour les funérailles de Philippe II. Ce n'est point moi qui protesterai contre l'oubli dans lequel ils sont tombés ; je laisserai même de côté Sanchez de Castro, le prétendu fondateur de l'école sévillane, qui donnait à la Vierge un chapelet et des lunettes ; Alejo Fernandez, qui porta son art et ses leçons à Cordoue ; Diego de la Barrera, qui peignit en 1522 les statues et les reliefs de la porte du Pardon à la cathédrale de Séville.

La science vint d'Italie et de Flandre. Luis de Vargas (né en 1502) avait étudié à Rome dans l'atelier de Perino del Vaga ; Pedro de Villegas Marmolejo (né en 1520) avait, dit-on, visité l'Italie ; Cespedès de Cordoue (né en 1538) avait travaillé avec les élèves

---

1 On sait qu'en Orient on attribue à saint Luc toutes les Vierges d'un style ancien, œuvres des peintres byzantins.

de Michel-Ange. Ils rapportèrent, sinon les principes, du moins les procédés qui manquaient à leur pays ; mais ils ne rapportèrent ni un talent propre à entraîner leurs contemporains, ni une autorité capable de leur imposer cette unité d'enseignement qui fait les grandes écoles. Ce qui reste des fresques de Luis de Vargas dans la cathédrale de Séville, son *Saint Christophe* notamment, nous montre qu'il n'était, auprès des Italiens, qu'un honorable écolier. En même temps des peintres flamands qui vinrent s'établir à Séville, Pierre de Champagne et François Fruttet, offraient deux appâts nouveaux : le coloris, qui devait ravir une race portée vers ce qui est éclatant, et le réalisme, auquel les esprits étaient disposés par la richesse et l'habitude des puissances. De ces influences opposées naquit, non pas la lutte, mais un mélange assez confus, dont les peintres andalous ne cherchèrent point à sortir. L'indifférence est douce à pratiquer, tandis que la conviction ne s'acquiert que par un difficile effort. Chaque artiste, selon sa préférence, le plus souvent au gré du hasard qui lui offrait un professeur, se trouvait plus près ou plus loin des écoles italienne ou flamande. Même entre le maître et l'élève les traits de ressemblance sont si rares, la tradition est si faible, qu'il est clair que la plupart des jeunes peintres se hâtaient d'apprendre un métier afin de gagner leur vie. La foire ou *feria* de Séville, dont il sera question plus loin, encourageait la médiocrité et récompensait les impatiens encore mieux que nos expositions. C'est ainsi que l'art devint une industrie ; à parler juste, ce ne fut guère autre chose à Séville. Cependant, sur la foule des faiseurs, quatre figures se détachent, qui ont mérité l'attention de la postérité, et que j'appellerai plus particulièrement les prédécesseurs de Murillo : ce sont Las Roelas, Pacheco, Herrera et Zurbaran.

Le licencié Juan de Las Roelas, né vers 1560, étudia en Italie. Malgré le silence des biographes, ses œuvres dénotent que ce fut à l'école vénitienne et non pas à l'école romaine qu'il s'attacha. Bien supérieur à Luis de Vargas et à Cespedès, il ne peut être jugé qu'à Séville, parce que là sont restés ses principaux tableaux. Je n'irai pas aussi loin que Céan Bermudez, qui le place à côté des Palma et du Tintoret ; mais il est impossible de ne pas regarder avec une estime sérieuse la *Bataille de Clavijo*, qui est à la cathédrale, et le retable qui surmonte le maître-autel de San-Isidoro. Ce vaste tableau, qui représente la *Mort de saint Isidore*, archevêque de Séville, est composé avec une aisance et dessiné avec une noblesse qu'ignorent les peintres espagnols. Aussi est-il inutile de chercher par quel côté Las Roelas trahit le caractère andalou. Il n'est qu'un imitateur et le représentant le plus louable de l'influence italienne.

Francisco Pacheco, qui croyait suivre Raphaël parce qu'il avait en sa possession un dessin au lavis de ce grand maître, n'était qu'un poète ingénieux et un critique. Quoiqu'il ait peint beaucoup, les Espagnols eux-mêmes avouent que ses conseils valaient mieux que ses tableaux, et qu'il était plus propre à raisonner sur les belles choses qu'à les créer. Armé d'une stérile correction, méthodique, bel esprit, il eut de son vivant une grande réputation, parce qu'il était riche, hospitalier, aimable. Il attirait autour de lui les jeunes artistes, et leur prodiguait des leçons plus goûtées que fécondes. Nous avons vu que Velasquez s'en trouva si mal satisfait qu'il chercha d'autres professeurs, tout en devenant son gendre. Ce que Pacheco a laissé de curieux, c'est son livre intitulé *Arte de la Pintura*. C'est un érudit, et l'érudition n'a point de patrie.

Au contraire, Herrera et Zurbaran, natures indépendantes parce qu'elles étaient plus vigoureuses, nous frappent par quelques traits qui ont la saveur du terroir. Francisco de Herrera, dit *le Vieux*, pour le distinguer de ses fils, était âpre, brutal, insociable ; il mit en fuite par ses violences ses élèves et ses propres enfants. On comprend qu'un tel homme n'avait dû accepter ni le joug de l'enseignement, ni la méthode, ni l'imitation des étrangers. Il porta dans la peinture une audace insolente qui lui tint lieu de style, une fureur de pinceau qui le fit coloriste, une trivialité diabolique qui constitua sa principale originalité. Ses compatriotes racontent plaisamment qu'il faisait préparer ses toiles par sa servante, et qu'elle y étendait les couleurs à coups de balai. Il est vrai qu'ils le comparent ensuite à Michel-Ange, dont il n'est que la caricature. L'*Apothéose de saint Herménégilde* et *le Jugement dernier*, qui fut composé pour la paroisse de San-Bernardo à Séville, sont ses meilleures productions. C'est sans doute ce *Jugement dernier* qui a motivé un rapprochement ridicule avec le peintre de la chapelle Sixtine. J'ai parlé de la mollesse andalouse, dont Murillo nous offre le reflet, et cependant je ne craindrai pas d'ajouter que Herrera exprime l'emportement de la race et une certaine barbarie qui se cache sous des habitudes douces, car on sait que la nature humaine est complexe, que l'indolence des habitants du midi recouvre un feu prompt à jaillir, que les passions sont parfois chez eux frénétiques, la vengeance implacable, le meurtre fréquent. Les danses et les guitares n'empêchent point le voyageur qui parcourt l'Andalousie de remarquer que les esprits ne haïssent point ce qui est trivial, ni les bouches ce qui est grossier. Enfin personne n'ignore que c'est à Séville que les courses de taureaux sont surtout goûtées ; c'est là que la foule montre la joie la plus ardente, lorsque ses yeux boivent le sang dont l'arène est couverte, lorsque des chevaux dérobés à l'abattoir y traînent leurs entrailles fumantes. Un tel spectacle, qui aurait fait sourire de pitié les bestiaires d'un amphithéâtre romain, et qui fait rougir aujourd'hui les Espagnols éclairés, accuse plus hautement que je ne prétends le dire des tendances brutales et un reste de férocité, Par ce côté, Herrera se fait reconnaître comme Andalous.

Zurbaran, fils d'un laboureur de l'Estramadure, vécut à Séville, et y fut le meilleur disciple de Juan de Las Roelas ; mais il n'apprit de lui que la pratique du métier, et s'éloigna aussitôt des traditions italiennes pour se faire réaliste, à l'exemple de la plupart des peintres de la Péninsule. Ses abbés, ses chartreux, ses moines innombrables, montrent comment il copiait la nature, un froc toujours posé sur son mannequin. Toutefois Las Roelas ne lui avait point inspiré en vain le respect de la correction et d'une ordonnance sage. Sa célèbre *Apothéose de saint Thomas d'Aquin*, qui est au musée de Séville, les quatre tableaux qu'on a vus à Paris, et qui ont été rachetés par M. le duc de Montpensier, en sont la preuve. Zurbaran, homme d'effort, de volonté, de labeur, comme s'il tenait toujours la charrue, traduit cependant une poésie austère qui appartient à tout le moyen âge, mais qui resta plus longtemps le privilège de l'Espagne. Zurbaran était pieux autant que Luis de Vargas, qui se flagellait et couchait dans son cercueil. Les œuvres de Zurbaran sont des pages d'une ferveur rude et naïve, où se révèlent la vie monastique, la gravité sombre des cloîtres, leur sécheresse plutôt que leur mélancolie, la dureté de l'ascétisme plutôt que l'onction de la foi. Murillo, qui sera aussi un peintre religieux, représentera un aspect nouveau du catholicisme et les formes attrayantes que lui a données l'ordre d'Ignazio de Loyola. Ainsi Herrera et Zurbaran, les seules physionomies originales parmi les aînés de Murillo, loin de moissonner le champ qu'il doit parcourir, le lui laissent intact. Ils ont été inspirés par des tendances opposées qui sont déjà le souvenir d'un autre âge, tandis que Murillo est le représentant de la société moderne, de ce que j'appellerais la jeune Andalousie.

Bartolome Esteban Murillo naquit à Séville en 1618. Il montra de bonne heure un goût très vif pour le dessin. Son père, qui était pauvre, le plaça chez Juan del Castillo, leur parent. Un tel maître n'aurait pu lui enseigner que le coloris sec et l'art ingrat qu'il tenait lui-même de Luis Fernandez ; mais un jour Castillo alla se fixer à Cadix., et Murillo demeura abandonné à ses seules ressources. Obligé de vivre de son pinceau avant d'avoir appris à s'en servir, le jeune homme imita la plupart de ses contemporains ; il se fit peintre de pacotille et travailla pour la *feria*. « La *feria*, dit M. Antoine de Latour, qui aime Séville en fils adoptif et la fait si bien connaître, la *feria* est un quartier de brocanteurs où tous les jeudis s'étalent et se vendent dans la rue toute espèce de choses. Il s'y vendait autrefois des tableaux. Aujourd'hui de tableaux point, mais de piquantes scènes de mœurs, les peintres en trouveraient encore. Du temps de Murillo, on disait, et l'on dit encore du nôtre à Séville, à propos d'une méchante toile : peinture de *feria*. C'est là qu'on travaillait à grands coups de pinceau, et le vieil Herrera devait se plaire à ces ateliers en plein air. Il arrivait plus d'une fois que l'artiste achevait de peindre le saint pendant que le dévot acheteur en débattait le prix, et que par exemple le saint Onuphre se changeait sur place en saint Christophe, Notre-Dame du Carmel en saint Antoine de Padoue. » Pour comprendre le prodigieux débit de tels chefs-d'œuvre, il faut savoir qu'ils se payaient à peine quelques piastres et ne pouvaient suffire à la ferveur des fidèles, surtout dans les possessions du Nouveau-Monde. Les armateurs en chargeaient leurs galions, sûrs d'écouler cette marchandise, avec des bulles et des indulgences, parmi les populations converties du Mexique ou du Pérou. Je n'ai pas besoin de montrer quelle influence exerçait sur les peintres cette industrie de barbouilleurs. Murillo acquit de cette façon la rapidité de main que ses biographes admirent et que je déplore. Il s'accoutuma au poncif en reproduisant le même sujet ; il se prépara à peindre plus tard, sans se lasser, tant de répétitions, en jetant par milliers sur des carrés de serge blanche ces madones qui écrasent la tête d'un serpent, et qu'on nommait *Notre-Dame de Guadalupé*.

Murillo atteignait ainsi l'âge de vingt-quatre ans. L'émulation fit jaillir l'étincelle. En 1642, Pedro de Moya revenait de Londres, où il avait travaillé auprès de Van-Dyck pendant six mois. Telle était la faiblesse de l'école de Séville, qu'elle jugea merveilleuse la nouvelle manière de Moya, qui n'avait fait que ce court apprentissage. Murillo du moins sentit tout ce qui lui manquait pour mériter le titre de peintre. Dès lors son ambition fut de voir l'Italie et peut-être la Flandre, afin de pénétrer les secrets véritables de l'art. Il acheta une grande pièce de toile, la découpa, la prépara lui-même, couvrit chaque morceau de vierges, d'enfants Jésus, d'ornements ; puis il porta sa pacotille à la *feria*. Il réunit une petite somme, et partit aussitôt pour Madrid. Là, il fut accueilli par le grand Velasquez, plus âgé que lui de vingt ans, favori de Philippe IV, mais qui n'oubliait point que lui aussi était parti de Séville pauvre et obscur. Velasquez dissuada Murillo d'entreprendre un dispendieux voyage, puisque les palais de Madrid possédaient autant de productions des maîtres italiens ou flamands que la Flandre ou l'Italie. Il lui ouvrit les collections royales, lui procura des travaux lucratifs, ne lui refusa ni les secours ni les conseils. Après deux ans d'études assidues, Murillo revint à Séville. Ni l'amitié de Velasquez, ni les espérances de fortune que lui offrait Madrid ne retinrent l'enfant de l'Andalousie. La triste capitale fondée par Philippe II, ses environs désolés, son ciel rigoureux, ne servaient qu'à lui faire regretter plus vivement le climat enchanteur de sa patrie, ses jardins dignes de l'Orient, les promenades du Guadalquivir, les monuments qui étaient les titres de noblesse de Séville, et surtout la vie facile, enjouée, qui rendait douce même la misère. Murillo eut surtout la sagesse de reconnaître qu'il ne serait qu'un artiste de second ordre à côté de Velasquez, tandis qu'au milieu de ses compatriotes il tiendrait le premier rang.

En effet, dès son retour il entreprit de peindre pour le couvent de San-Francisco onze tableaux dont personne ne consentait à se charger, parce que la confrérie n'offrait qu'un prix modique ; il obtint un tel succès qu'aussitôt les peintres les plus goûtés du temps, Herrera le Jeune et Valdès Leal, furent dédaignés. Ce fut un concert unanime de louanges et une abondance singulière de commandes. Il n'eut qu'à choisir parmi les travaux qui se présentaient.

Dès lors il connut l'aisance, la célébrité, et pendant trente-sept ans les églises, les monastères, les palais de la noblesse, les maisons des riches particuliers s'emplirent de ses œuvres. Trois ans après son retour de Madrid, en 1648, il épousa une noble dame de Pilar, dona Beatrix Cabrera y Soto-Mayor. Elle avait du bien, et lui donna trois enfants. Le reste de sa vie fut sans nuage, car ni son bonheur, ni sa popularité, ni son talent ne se démentirent. En 1660, se souvenant peut-être des épreuves qui avaient entouré ses débuts et voulant assurer à ses successeurs les secours qui lui avaient manqué, il fonda une académie de peinture. L'état ne fut pour rien dans cette institution, que la générosité des peintres soutint seule. Murillo y donnait régulièrement ses leçons, posant lui-même les modèles. Il mourut en 1682 des suites d'une chute. En peignant chez les capucins de Cadix son *Mariage de sainte Catherine*, il était tombé du haut d'un échafaudage. Forcé de revenir à Séville, il languit quelque temps, expira le 3 avril, et fut enterré dans l'église de Santa-Cruz, où il avait coutume de faire ses dévotions.

Murillo est aujourd'hui en France l'objet d'un certain engouement. Les tableaux rapportés d'Espagne après les guerres de l'empire, les collections formées par le roi Louis-Philippe, par M. Aguado et d'autres particuliers, ont attiré l'attention sur l'école espagnole, jusqu'alors peu connue. Les tableaux de Velasquez manquaient à ces collections ; Ribeira, qui appartient à l'école italienne, devait être écarté : Murillo a donc remporté facilement la palme sur ses compatriotes. Il s'est trouvé à la mode, de même que Boucher et Watteau, méprisés pendant un demi-siècle, de même qu'Hobbema, que notre génération a voulu découvrir avec la joie du navigateur qui prend possession d'un îlot non exploré. Or l'oubli crée une seconde naissance, et chez nous on confond volontiers ce qui est nouveau avec ce qui est beau. Murillo fut porté aux nues, ses toiles furent payées à l'égal des toiles des grands maîtres : le musée du Louvre en sait quelque chose.

D'un autre côté, si vous interrogez les artistes, vous sentirez qu'ils font peu de cas de Murillo, car, bien qu'ils lui reconnaissent de l'habileté et du charme, ils ne voient chez lui ni la force qui leur impose, ni la science et l'ensemble de qualités originales qui les attachent. C'est pour éviter cet excès contraire qu'il convient de ne point séparer Murillo de l'Andalousie, d'abord parce qu'il est une expression du génie de son pays et tire de ce rapprochement un intérêt nouveau, ensuite parce que c'est en Andalousie que sont restées ses plus belles œuvres. Ce que possède le Louvre ne peut être compté, si l'on considère ce que possède le musée de Madrid ; mais les Madrilègnes eux-mêmes confessent que Murillo ne doit être jugé qu'à Séville. Pour moi, je suis séduit par les dons aimables de ce peintre, et sa figure m'apparaît toute sympathique, sans que je me dissimule ses défauts. J'ai étudié ses tableaux avec un plaisir très vif, mais je n'ai ressenti ni une admiration aveugle, ni même ce qu'on appelle proprement de l'admiration : ce sentiment n'est dû qu'aux maîtres. Velasquez est un maître, Murillo est un bon peintre ; l'un a du génie, l'autre n'a que du talent. Les critiques auxquels Murillo inspire de l'enthousiasme, et surtout les historiens de la Péninsule, me pardonneront donc si je n'adopte pas les rites solennels qu'ils ont établis autour de leur idole. Par exemple, afin d'égaler Murillo à Raphaël, on lui prête *trois manières* successives, comme si la puissance de se transformer à ce point n'était pas le privilège des âmes supérieures. Je cherche en vain ce qu'il y a de réel sous d'aussi pompeuses divisions, à moins que la première manière de Murillo ne réponde à l'époque où il ne savait que badigeonner des morceaux de serge, sa seconde manière à l'époque où il se formait en copiant les chefs-d'œuvre de l'Escurial, et sa troisième à celle où il possédait enfin l'art de peindre. Or tout écolier a parcouru ces trois phases. De même, lorsqu'on veut distribuer en trois catégories distinctes les tableaux de Murillo, et qu'on dit : « Celui-ci est du genre *chaud*, celui-là du genre *froid*, cet autre du genre *vaporeux*, » je crains que la classification ne porte sur la variété des sujets et sur l'inégalité d'exécution, c'est-à-dire sur des accidents, et non pas sur les intentions de l'artiste et sur ses théories nettement appliquées. Il serait plus vrai de dire : « Tel tableau est mal composé et d'un dessin médiocre, telle vision est peinte avec vigueur, telle scène est rendue avec mollesse et semble perdue dans les nuages. »

La nature de Murillo est peu complexe et se prête mal à tant de subtilité. C'est un homme d'instinct et non de volonté, de sentiment et non de système. Son inspiration est facile, coulante, imprévue ; on l'eût fort étonné en lui demandant de rédiger sa doctrine. Peintre par tempérament, il travaillait comme l'oiseau chante, sans effort, sans but, par plaisir. On sent dans toutes ses œuvres ce laisser-aller qui est une des formes du bonheur, mais qui doit dérouter les critiques armés d'instruments de précision. Même lorsqu'on connaît la plupart des œuvres de Murillo, il est difficile de se faire de sa personnalité une idée bien nette, et cette difficulté est un attrait de plus. Tandis que la figure de Velasquez, cet Arabe-Castillan qui ne manque pas de sécheresse ni de dureté, s'accuse par un relief puissant, la physionomie de Murillo l'Andalous apparaît indécise, lointaine, un peu effacée. Cela tient peut-être à l'insouciance de son pinceau, à la promptitude de ses conceptions, à l'absence de concentration surtout, de même que sur la cire du sculpteur l'empreinte d'une pierre gravée est d'autant plus vague que l'on a moins fortement appuyé. Cela tient aussi à certaines contradictions que les mœurs de l'Andalousie peuvent seules expliquer. Par exemple comment admettre tant d'éclat riant, tant de grâce sensuelle, tant de volupté chez un peintre religieux ? car Murillo est un peintre exclusivement religieux, et l'on ne comptera pas, à coté de toiles innombrables inspirées par la religion et la Bible, quelques polissons déguenillés qui furent la récréation ou le gagne-pain de sa jeunesse, et qui ne donnent pas la mesure de son talent. Le petit mendiant dans un rayon de soleil que nous avons au Louvre est un échantillon de ces sortes de peintures, qui sont beaucoup plus rares qu'on ne le suppose ; les musées de Madrid et de Séville n'en possèdent pas une seule.

Pour mieux comprendre Murillo, je cherche un de ses portraits, mais non pas celui qui est à Madrid : ce portrait représente déjà l'homme âgé, le fondateur d'académie, le professeur qui pérore, pose les modèles devant ses écoliers et tourne au pédant, si l'on en jugeait par la mine triste, scolastique, que lui a donnée l'honnête et médiocre Tobar. Combien est différent le portrait que Murillo a peint lui-même, portrait célèbre que le roi Louis-Philippe avait fait acheter à Séville, et qui a été reproduit fréquemment ! Là Murillo est jeune, brillant, ardent. Ses couleurs sont vives ; le sang court et fait palpiter l'épiderme ; un reflet de soleil échauffe la peau sans lui ôter sa fleur délicate. Le front, couronné de cheveux noirs et soyeux, est assez haut, bombé, semé de petites bosses intelligentes, au modelé lumineux, qui se retrouvent plutôt chez les Andalouses que chez les Andalous ; ce trait féminin ne surprendra personne.

Charles Ernest Beulé

Les yeux sont noirs, pénétrants, pleins de feu et de passion, pleins de passion surtout. Le bas de la figure est moins louable, ce qui est fréquent aussi à Séville, où les plus beaux visages pèchent par la bouche et le galbe du menton. L'ensemble de l'impression, c'est l'ardeur, l'intelligence, la sensualité. Un tel tempérament était retenu par le frein de la religion, par la tyrannie de l'inquisition, et surtout, dans un temps où le clergé et les ordres possédaient tant de richesses et disposaient de presque toutes les commandes, par la tyrannie de l'intérêt bien entendu. Que Murillo fût dévot, cela n'est point l'objet d'un doute. Jusqu'à quel point se livra-t-il à l'amour et aux plaisirs, je l'ignore, car les détails manquent sur sa vie privée ; mais je sais, parce que je le vois dans ses œuvres, que ses tendances, ou contenues, ou dissimulées, ou satisfaites, se sont épanchées dans les tableaux religieux. De là les langueurs, les tendresses béates, les extases, de là les Vierges d'une beauté si humaine, les enfants Jésus d'une grâce plus charnelle que divine, les anges qui auraient désespéré Boucher et son école, les saints et les moines qui ressemblent à des amoureux et qui adorent avec une ivresse terrestre la croix, la Madone ou le Christ. La passion se répandait par ces ouvertures permises : c'est ainsi que parfois dans les couvents le mysticisme procède du bouillonnement secret des sens. À ce point de vue, Murillo, le plus religieux des peintres par le sujet, est un des plus païens par le sentiment. Chez lui, la forme parle plus haut que l'idée, parce qu'elle emprunte ses charmes à la nature, à la beauté trop persuasive, à la chair, ou du moins à une certaine volupté discrète et contenue que la dévotion comporte, quand elle est jeune, accorte, bien constituée.

Telles sont les réflexions que le portrait de Murillo conseille, et, si l'on n'oublie pas quelles étaient alors les mœurs religieuses de l'Andalousie, on reconnaît combien il était l'homme de son temps. Je croyais, comme tout le monde, que l'Italie méridionale était le pays où le paganisme antique avait laissé le plus de traces, et où ses pratiques s'étaient mêlées de la façon la plus étroite aux dogmes du christianisme ; mais Naples est à l'Andalousie ce que Port-Royal est au catholicisme : c'est en Andalousie qu'il est juste de s'écrier que les saints sont partout, Dieu nulle part. Et quels saints ! quelles idoles grossières ! quels jouets que de grands enfants habillent, déshabillent, parent à leur gré ! Toutes les statues sont peintes ou attifées jusqu'au grotesque, comme pour célébrer un carnaval perpétuel. Partout saint Joseph, avec son manteau de brigand, son feutre galonné qui ferait croire qu'il va jouer le rôle de Gessler ; partout saint Jacques en costume de tournoi, saint Michel en costume de chasse ! N'ai-je pas trouvé notre saint Louis en bas de soie, avec des bottes molles, soigneusement cirées, et un haut-de-chausses bouffant que lui envieraient les troubadours de nos pendules ? Ici l'enfant divin devient une poupée de cire, là les madones semblent prêtes à partir pour le bal. La grossièreté de certaines représentations prouve que la superstition a étouffé non-seulement la piété vraie, mais le respect. On voit à Cadix, dans l'église de San-Domingo, la Vierge de grandeur naturelle, en bois peint : elle est sur une chaise longue, les jambes étendues, présentant au spectateur les semelles de ses souliers, les deux mains croisées sur le ventre, dans une attitude qui ne permet pas d'ignorer que c'est la sage-femme qu'elle attend. Ce mélange de fétichisme et de cynisme ne refroidit pas les âmes, il les prépare plutôt à l'intolérance et seconde les fureurs de la persécution. Le contact des Juifs et des Maures convertis a excité vivement les passions religieuses en Andalousie. Il n'est pas de pays où l'inquisition ait fait couler plus de sang, où les auto-da-fé aient été plus magnifiques. Les arts sentirent aussi le joug d'une institution qui voulait tout gouverner par la terreur. Les boutiques des marchands, les ateliers des peintres étaient soumis à une surveillance rigoureuse. Malheur à qui eût osé tracer des beautés profanes, cessé de mettre son talent au service de la foi, ou même représenté les sujets sacrés sans se conformer aux règles qui étaient imposées aux artistes ! Parmi les inspecteurs nommés par l'inquisition, on cite Pacheco, le beau-père de Velasquez. D'ailleurs les peintres étaient parfois rattachés au clergé par des liens directs : Alonzo Cano, Cespedès, les deux Garcia étaient chanoines ; Las Roelas et Ferrer, licenciés ; Fernandez de Castro avait une prébende au chapitre de Cordoue. On comprend que dans une société ainsi surveillée il n'y eût pas de place pour les sujets empruntés à l'histoire profane, et surtout à la mythologie.

La sévérité s'était relâchée au temps de Murillo parce que la dévotion avait remplacé peu à peu le fanatisme. L'influence des jésuites, si grande en Espagne, fut acceptée avec un goût particulier par les habitants de Séville. Les principes accommodants, la pénitence facile, beaucoup de plaisirs permis, tous les directeurs aimables, un culte riant, des églises ornées avec une magnificence inconnue, des pompes mondaines pour charmer les sens, un relâchement opportun pour gagner les rebelles, une séduction qui pénétrait les secrets de la vie privée, qui n'aurait peut-être pas voulu tolérer les passions, mais qui en profitait, en un mot toute la politique des bons pères s'adaptait à souhait au caractère andalous. En même temps les imaginations étaient doucement échauffées par des récits et des inventions nouvelles, miracles, jolies légendes, apparitions, visions, extases. Sainte Thérèse ne s'y méprit point quand elle vint habiter Séville pendant deux ans et y fonder un couvent de carmélites presque en face de la maison où Murillo devait plus tard mourir. Ce n'est donc plus la foi robuste du moyen âge ni l'austérité des cloîtres que Murillo représente, c'est la *dévotion aisée* que décrivait si bien Pascal, c'est le *merveilleux* de fraîche date qui glorifiait non pas la religion, mais quelques-uns de ses ministres en Espagne, et qui consacrait des ordres nouvellement fondés. Voilà pourquoi Murillo peint si souvent des moines en extase, devant lesquels s'ouvre la profondeur des cieux, des franciscains qui reçoivent les baisers du petit enfant Jésus, ou des dominicains étreignant le crucifix avec tant d'ardeur que le Christ s'en détache pour les embrasser, des prêtres qui tiennent un cœur enflammé que le Christ perce délicatement d'une flèche, la Vierge qui descend sur un nuage pour apporter à un évêque la chape qu'elle a brodée, des anges qui font la cuisine d'un prieur à la stupéfaction des convives qu'il avait oubliés, ou bien des séraphins espiègles qui changent en roses et en lis les coups de discipline qu'un saint essayait de s'appliquer. Il est certain que Murillo ne choisissait pas de pareils sujets, mais qu'ils lui étaient dictés par les corporations. C'est ainsi que, dans le traité de Pacheco sur l'art de peindre, la partie qui concernait les représentations sacrées avait été rédigée par plusieurs jésuites de ses amis. Peintre de religion, Murillo était surtout le peintre des religieux, servant leur ambition, illustrant leurs innocents mensonges.

Il serait plus inutile qu'attrayant de décrire avec ordre toutes les œuvres d'un artiste qui a été fécond, inégal, et s'est beaucoup répété. Il y a de lui à Madrid plus de cinquante tableaux dans les collections publiques seulement. Séville en possède un plus grand nombre encore ; j'en compte vingt-deux dans le petit musée de la rue de l'A B C, et les églises ne sont pas moins riches, la cathédrale surtout. Ajoutez une centaine de toiles qui ont été emportées d'Andalousie, soit de force, soit à prix d'argent, et qui sont dispersées dans toute l'Europe. Supposez une autre centaine de productions moins importantes ou de portraits qui sont enfouis dans les châteaux, dans les chapelles, dans les maisons de l'Espagne, et vous ne vous exagérerez point la prodigieuse facilité d'un artiste qui, en cela comme en bien d'autres choses, fait contraste avec Velasquez. Je choisirai donc parmi ses œuvres les plus remarquables, ou les plus significatives, moins pour les décrire que pour en traduire l'impression.

Lorsqu'on veut mesurer la vigueur et la science d'un peintre, il faut considérer d'abord ses tableaux d'histoire. C'est là que se développent les qualités grandioses, l'art de composer, le style ; c'est là que se trahissent les esprits médiocres. Murillo a tracé deux vastes pages, tirées de l'Ancien et du Nouveau-Testament. Il représenta pour l'hospice de la Caridad, à Séville, *Moïse faisant jaillir l'eau du rocher* et *Jésus-Christ multipliant les pains et les poissons*. Ce sont deux pendants, deux cadres qui s'étendent en longueur afin de contenir plus de personnages. Au centre de la première composition, Moïse prie pour remercier le Seigneur qui fait couler une onde abondante ; Aaron contemple avec étonnement le miracle. Tous deux sont isolés au milieu des Hébreux, qui semblent ne pas les voir, s'agitent, admirent, causent, boivent, se groupent avec la liberté d'un jour de marché. Ce drame terrible qu'on appelle la soif, Murillo ne l'a pas compris ; l'élan de reconnaissance d'un peuple arraché à la mort, il n'y a pas songé ; l'inspiration sublime du prophète qui dispose de Dieu et de sa puissance, il ne l'a pas rendue. Il a fait quelque chose de clair, d'intéressant, d'agréable, mais sans accent, je dirai même sans intelligence, puisque la grandeur du sujet lui a échappé. Un instinct heureux et une souplesse aimable ne remplaceront jamais l'énergie de conviction, le sentiment concentré, l'interprétation noble et complète. Otez Aaron et Moïse, dont l'expression est incertaine et qui ne tiennent par aucun lien à l'ensemble, vous aurez un vaste tableau de genre que vous pourrez intituler : *Halte à la fontaine*. Vous blâmerez encore, il est vrai, le rocher, dont les ombres trop noires font un trou au milieu du tableau ; vous vous plaindrez de l'absence de perspective, vous ne verrez pas sans surprise cet enfant sur un cheval, que Murillo a placé au premier plan ; mais ensuite vous regarderez avec plaisir des scènes diverses, intimes, d'un mouvement vrai, pris sur la nature, les femmes qui remplissent leurs vases et leurs chaudrons, la mère qui désaltère ses enfants, le chien qui boit auprès d'eux. La couleur générale est charmante, quoique la toile ait besoin d'être nettoyée et revernie : les tons présentent ces relations gaies et fleuries dont Murillo possédait le secret. Évidemment le pathétique et le style ne l'ont pas même préoccupé un instant. Dès qu'il a eu, par conscience, achevé les deux personnages sacrés, il s'est dérobé à la gravité du sujet et s'est mis à peindre avec délices les épisodes, la vie familière, les types réels, parce que tels étaient ses goûts, telle était la mesure de ses forces. Aussi, dans la *Multiplication des pains*, la partie la plus louable, ce n'est ni le Christ, qui tient les pains sur ses genoux et bénit les poissons qu'un enfant lui présente, ni les apôtres qui l'entourent, ni même le paysage et la foule qu'on aperçoit dans un lointain vaporeux : ce sont des femmes assises à terre qui regardent et attendent.

Si l'on poursuit l'analyse des productions qui s'écartent peu à peu du genre historique proprement dit, on remarquera que les personnages accessoires sont souvent mieux traités que les personnages principaux. Dans l'*Adoration des Bergers*, par exemple, qui est à Madrid, la Vierge n'exprime rien autre chose que la sollicitude maternelle, et ce sont les pâtres, grossiers, couverts de peaux, appuyés sur leurs bâtons, qui attirent l'attention. De leur côté est la chaleur du coloris, la vigueur des teintes, le luxe des détails, la complaisance non avouée de l'artiste. La *Sainte Elisabeth de Hongrie*, qui est au musée de l'académie de San-Fernando à Madrid, présente le même défaut. Elisabeth, tout en pansant ses pauvres, a un air froid, distrait, étranger à l'action. Elle parle à une vieille femme qui l'admire avec autant d'indifférence que si elle faisait ce métier depuis vingt ans. La tendresse, la charité ardente, l'héroïsme qui surmonte tant de dégoûts, tel était le vrai sujet, et Murillo ne paraît pas s'en être douté. Il s'est intéressé et il nous intéresse bien plus au teigneux dont la tête se penche sur un bassin, au blessé qui s'est assis pour défaire les bandages de sa jambe, au boiteux qui s'éloigne dans l'ombre, au petit gueux qui se gratte la tête avec une grimace de singe. Cela n'empêche pas que l'ensemble de la composition n'ait de l'air, de la largeur. Dans le fond, on aperçoit une salle de palais et le festin qu'a quitté la pieuse reine. Tout est raisonnable, avec d'excellents morceaux d'exécution, notamment les nus, qui sont d'une facture commune, mais d'un beau coloris. Le musée de Séville offre une scène du même genre, *Saint Thomas de Villeneuve distribuant ses aumônes*. On prétend que Murillo parlait de cette œuvre avec une préférence marquée. En effet, le saint, mitre et portant la crosse d'évêque, est admirable d'abandon, de bonté, d'humilité, et en même temps de noblesse, chose plus rare chez Murillo. La main qui tend l'aumône est aussi aristocratique que les mains de Velasquez. La lumière, qui passe derrière la tête à la faveur d'une colonne isolée, produit une délicieuse harmonie avec la mitre blanche, dont les reflets sont plus chauds sur un fond gris argenté. En arrière de la colonne, un autre rayon du jour glisse sur la table de travail et sur les livres, pour tomber sur une jeune femme assise à l'écart, à qui son enfant montre la pièce de monnaie qu'il a reçue. C'est le côté intime, gracieux, où Murillo excelle. Les têtes sont modelées à contre-jour, avec un contour lumineux, et les plans sont maintenus dans une ombre égale et dorée. En avant, un homme à genoux, appuyé sur une main, implore son bienfaiteur. Il est vu de dos, en raccourci, et posé avec une grande hardiesse. On sent qu'il est boiteux, et le mouvement des jambes est si naïvement éloquent qu'on n'a pas besoin de regarder la béquille déposée auprès de lui. Cette conception audacieuse a été récompensée par un grand bonheur d'exécution. Certainement Murillo n'a rien fait de plus fort comme étude du nu, de mieux dessiné, de plus vigoureusement peint. Une telle figure, presque digne de Van-Dyck, suffirait à expliquer la prédilection du peintre.

Je n'ose rien dire de *la Leçon de la Vierge*, à genoux devant sainte Anne, qui lui apprend à lire, parce que la même scène a été retracée par Philippe de Champagne. Il est vrai que Philippe de Champagne a rehaussé le sujet par le style, donné peu d'importance aux personnages, et peint un très bel intérieur, tandis que Murillo a eu le tort de choisir des proportions trop grandes, de ne donner d'expression ni à la Vierge, qui écoute mal, ni à sainte Anne, qui ne paraît point parler. Cette mollesse, qui ne rencontre pas le but, interpose un nuage entre l'idée du peintre et les yeux du spectateur. Je critiquerai plus librement *l'Enfant Jésus jouant avec un chardonneret*. La Vierge est une ménagère de Xérès ou de Ronda, qui dévide sa laine, assise à terre, un fichu de bure sur les épaules. Saint Joseph est bien le menuisier qui rentre au logis, sa journée finie, et fait jouer son fils, petit blondin, rose, espiègle, qui serre dans sa main le pauvre oiseau, et lutine son chien qui le guette. Cette façon de présenter la sainte famille approche trop du ridicule pour ne pas nuire à la religion. Les imitateurs de Murillo ne s'arrêteront pas sur la pente : j'ai vu à Cadix la sainte Vierge cousant pendant que son fils balaie. De tels modèles d'humilité, acceptables peut-être dans un catéchisme, sont fâcheux en peinture.

Autant le talent de Murillo est écrasé par une vaste composition historique, autant il est libre et enchanteur devant une petite toile, où l'histoire devient presque du genre, où la finesse des figures tient lieu de style, où l'effet général doit charmer plutôt que saisir. Certes la *Vision d'Ezéchiel* par Raphaël montre quelle grandeur d'inspiration peut trouver place dans un cadre exigu ; mais cette grandeur n'est point nécessaire, elle est un trait de génie, et les talents inférieurs se tirent à moins de frais de difficultés qui sont moindres. Paul Delaroche, à la fin de sa carrière, réduisait à de semblables proportions la peinture religieuse. Murillo l'a fait rarement, et toujours avec succès. L'histoire de *l'Enfant prodigue*, série de tableaux qui est partagée très inégalement entre la collection de M. de Salamanca et le musée de Madrid, en est une preuve. L'*Eliézer à la citerne* séduit plus encore ; mais, comme à l'ordinaire, c'est dans les personnages accessoires que réside la séduction. Eliézer et Rébecca méritent peu d'être regardés ; le fond du paysage est insignifiant, les chameaux horribles ; au contraire les jeunes filles qui puisent de l'eau et restent étrangères à l'action sont quelque chose d'exquis. Des pâtes claires, transparentes, dorées, rappellent Jean Bellin ou Palma le Jeune, tandis que l'attitude et les lignes, des figures ont un air de famille avec le Poussin. On ignore à quelle époque fut peint l'*Eliézer* ; peut-être est-ce à Madrid, où ce tableau est resté, et où Velasquez ne laissait pas son jeune compatriote manquer de commandes. Dans tous les cas, Murillo avait connu dans les palais royaux une partie des admirables œuvres du Poussin, récemment achetées à Rome. Enfin *le Martyre de saint André*, que les Espagnols ont placé dans le salon d'Isabelle, c'est-à-dire parmi la fleur de toutes les écoles, est une des toiles les plus petites et certainement les plus brillantes de Murillo. L'apôtre est crucifié, sous les murs de Patras, au milieu d'une affluence considérable. Je ne connais aucune composition du peintre de Séville qui soit aussi nourrie, aussi cherchée, aussi vive. Il y a malheureusement beaucoup de sous-entendus, parce que l'artiste a eu recours à ces vapeurs, qu'elles soient poussière ou rosée, qui enveloppent les contours, suppriment une partie de la ville, du paysage, et font entrevoir comme en rêve la scène qu'il a représentée. Ce vague poétique laisse plus de champ à l'imagination, tout en flattant les regards par des tons doux et célestes. Les nuages qui descendent jusque sur la tête du saint sont du moins expliqués, car les anges lui apportent la palme, et un rayon de la gloire divine vient frapper son visage. Néanmoins, si l'on approfondit l'impression que ce tableau produit, on reconnaît que toute la puissance, toute la magie est dans la couleur. Le style, le pathétique n'existent pas ; le saint paraît s'étendre sur un lit de roses, tandis que ses bourreaux s'entretiennent avec un air de bonté, tandis que la foule souriante semble assister à une fête, tandis que la nature elle-même n'offre rien que d'aimable, et l'atmosphère rien que d'enivrant. C'est le *martyre facile*, s'il est permis d'employer ce mot.

Pour trouver le vrai Murillo, il faut se souvenir qu'il est Andalous. De même que sa race vit par les sens et pour l'amour, de même il est réaliste et ne peut séparer son idéal de la volupté. D'une part copier la nature, de l'autre exprimer les tendresses de l'âme et ses extases efféminées autant que pieuses, voilà son double rôle. Il est tour à tour sur la terre et dans le ciel, tour à tour peintre du vrai et peintre des rêves. Si l'on veut savoir comment il faisait les portraits, qu'on examine les trois têtes qui sont dans l'angle de la plus petite des deux *Conceptions*, au salon carré du Louvre. Parmi ses études, je citerai *l'apôtre saint Jacques, saint François de Paule*, tous deux à Madrid, l'un bien posé, large de facture, héroïque, l'autre onctueux, plein de charité ; son *petit saint Jean*, son *Christ enfant avec l'agneau*, réunis ou séparés, et copiés sur ces beaux enfants andalous dont les yeux sont expressifs avant l'âge, dont l'air déjà sérieux cache la fougue précoce. Murillo était père : qui peut dire combien de fois ses deux fils ont posé devant son œil attendri ? Ses *Vierges* sont partout ; je ne parle en ce moment que de celles qu'il représente assises, tenant l'enfant Jésus, et qui reproduisent un modèle à peu près constant, car Murillo était peu épris de la variété. Les plus vantées sont la *Vierge aux langes*, qui avait été payée 100,000 francs par le roi Louis-Philippe, et la *Vierge au rosaire*, qui est à Madrid. On a vu à Paris la *Vierge aux langes* ; je ne la décrirai donc point, bien que je l'aie retrouvée récemment à Séville dans le palais de San-Telmo. La *Vierge au rosaire* lui est bien supérieure en beauté, et c'est, si je ne me trompe, le chef-d'œuvre de Murillo. Ce jour-là, il a eu son heure de génie et s'est élevé au-dessus de lui-même. La noblesse et la suave pureté des lignes s'allient à la richesse du coloris, et l'Andalouse de Séville n'a plus servi seule de modèle, mais bien aussi quelque madone de, Raphaël. L'enfant-Dieu est admirable de grandeur et de majesté. Son œil dilaté, plein de rayons, commande à l'univers ; son petit corps piétine les genoux de la Vierge et se redresse en maître. En même temps le cou de la jeune mère et ses mains sont admirablement étudiés ; quoique ennoblie par l'artiste, la nature s'y montre tout entière. Le plus souvent Murillo ne s'écarte pas du type dont il s'est pénétré : il ne pouvait même s'en défaire quand il cessait de peindre des vierges. Il donne par exemple les mêmes traits à *sainte Justine* et à *sainte Rufine*, patronnes de Séville, lorsqu'il les représente soutenant la Giralda, la tour arabe qui sert de beffroi à la cathédrale. Cette monotonie n'empêche pas le tableau d'être un de ses meilleurs.

Ce que les monastères demandaient surtout à Murillo, c'étaient des apparitions miraculeuses, propres à exalter leur saint patron. Ce que les églises lui commandaient plus souvent encore, c'étaient des *conceptions immaculées*, car ce dogme plaisait principalement à la piété des Espagnols. Dans l'un et l'autre cas, l'artiste avait son plan fait et des procédés très simples. S'agissait-il d'une apparition : il représentait un moine ou un évêque à genoux ; la Vierge et le Christ se montraient à lui dans leur gloire, et la Vierge présentait au moine soit un vêtement brodé de sa main, soit une fleur, ou bien elle lui donnait son fils à baiser, ou bien elle lui révélait quelque mystère sur lequel il voulait écrire un traité. Si le tableau était petit, il n'y avait ni anges ni nuages ; s'il était grand, de petits chérubins portaient la Vierge et des nuages enroulés remplissaient le cadre ; s'il était très grand, le nombre des anges augmentait et de nouveaux nuages s'amoncelaient encore. Au contraire s'agissait-il d'une *conception* : la Vierge, vêtue d'une robe blanche et d'un manteau bleu, est au centre d'une auréole lumineuse, les pieds posés sur le croissant de la lune. Selon la dimension de la toile, elle est seule, soutenue par quelques chérubins, ou par une armée de chérubins ; en même temps les rayons et les nuées diminuent ou s'étendent. On ne saurait dire combien de *conceptions* l'artiste a peintes, non pas avec un égal succès, mais évidemment avec une égalité parfaite d'humeur et d'imagination. C'est ainsi que les imprimeurs tirent sans se lasser mille épreuves de la même page. Murillo ne s'est jamais complètement défait des souvenirs de sa jeunesse et des habitudes de la *feria* . Parmi les *apparitions*, on admire *saint Bernard en extase devant la sainte Vierge*. Sa tête est belle, et les yeux caves, les plis qui sillonnent les joues en contractant la bouche, lui donnent un véritable accent d'ascétisme. Le froc blanc est d'un éclat, d'une souplesse de ton, d'une harmonie que Zurbaran, le peintre des frocs par excellence, n'a point atteintes. Derrière le saint, la table, le banc, l'écritoire, la crosse, les livres ouverts, sont exécutés avec un soin digne des Flamands. La Vierge découvre sa mamelle et la montre à saint Bernard en la pressant du doigt, allusion à quelque docte écrit sur ce sujet. Ce tableau est dans le salon d'Isabelle, non loin du *saint Hildephonse*, archevêque de Tolède, œuvre du même genre, mais plus distinguée. *Saint François d'Assise*, dont les macérations sont converties en fleurs par le Christ et sa mère, qui lui apparaissent, est une composition originale, bien différente des atrocités qu'on prête aux peintres espagnols, et que le doux Murillo eût été incapable de jamais tracer. Il a donné à saint François une expression si amoureuse, une extase si sensuelle, qu'on cherche derrière les nuages s'il n'y a pas une Andalouse à son balcon. Les amours, je voulais dire les anges qui accompagnent la Vierge, sont les plus jolis espiègles du monde ; ils chantent, rient, voltigent, font la culbute et bombardent le saint avec les roses qu'ils tiennent à pleines mains. Au musée de Séville, on voit *saint Félix de Cantalicie* berçant dans ses bras le petit Jésus, que la Vierge vient d'y déposer. L'enfant-Dieu est rose, frais, beau comme le rêve d'une jeune mère, c'est l'éclat du printemps, avec une teinte de délices mystiques. À quelques pas, un *saint Antoine* tient un lis, tandis que l'enfant Jésus, assis sur sa bible, le caresse. Un amant ne fait pas des yeux plus langoureux à sa maîtresse. Je citerai enfin le *saint Antoine de Padoue*, immense cadre qui remplit une des chapelles de la cathédrale de Séville, et qui est vanté surtout parce qu'il est immense. Cependant Murillo ne s'est pas mis en frais d'invention pour le remplir ; il a même abusé des ténèbres confuses qu'il emploie d'ordinaire, autant pour abréger sa tâche que pour faire ressortir les parties lumineuses. Saint Antoine est très beau ; les bras qu'il étend ont une grande éloquence, et font deviner que c'est la violence de la prière qui a produit le miracle.

Je ne crois pas qu'il soit nécessaire d'analyser les *conceptions* de Murillo. Celle qui est au Louvre est une des plus grandes : on peut, d'après elle, se figurer les autres. Il y en a de plus belles cependant, où la Vierge touche davantage et est mieux peinte, car le visage de la madone du Louvre semble avoir été achevé avec un pinceau malpropre. Deux des *conceptions* du musée de Madrid, celle qui est à Séville et qu'on appelle *la Perle*, m'ont paru préférables. Le trait commun des œuvres de ce genre, où l'artiste a mis toute son âme, c'est d'exprimer la volupté. Peut-être Murillo sentait-il vaguement combien une pareille matière est délicate ; du moins il représente la Vierge aussi jeune que possible, afin que son âge annonce la chasteté, la candeur, l'ignorance du mystère qui s'accomplit. Malgré ce début prudent, il est bientôt entraîné sur la pente qui lui est chère. Il met tant d'ivresse dans les yeux humides et brillants de la jeune fille, tant de désordre dans sa chevelure, tant de feu sur ses lèvres, tant de plénitude dans son sein qui se soulève, tant d'aspiration passionnée dans toute son attitude, qu'au lieu de sauver le sujet, il en tire toutes les conséquences. Il s'oublie, cède à son tempérament, et par là se montre véritablement inspiré ; il atteint même un assez haut degré de poésie réaliste. Les petits chérubins qui entourent la Vierge contribuent, par leur pétulance folâtre, à nous transporter dans l'Olympe plutôt que dans le paradis. Certes le jour de la conception il dut y avoir fête au ciel ; le malheur veut que, si l'on changeait les attributs des anges, si l'on mettait entre leurs mains, au lieu de palmes ou de fleurs, des arcs, des flèches et des colombes, on aurait tout le cortège de Vénus. Ces délices de dévotion sensuelle plaisaient aux contemporains du peintre ;

l'Andalousie se reconnaissait dans une religion ainsi traduite, et la Vierge était adorée comme si Dieu n'existait pas. L'inquisition n'avait garde de s'émouvoir de ce qu'approuvait l'ordre de Jésus. Les moyens étant sanctifiés par le but, le trouble des sens profitait au salut des âmes. C'est pourquoi Murillo a fait tant de *conceptions*.

J'ai parlé plusieurs fois des types andalous que Murillo rend avec tant de fidélité. Comme la race actuelle est composée d'éléments très divers, il est nécessaire d'ajouter quel est l'élément qu'il a choisi, car il y a les Ibères aux traits secs, accusés, anguleux, les gitanos au teint olivâtre, au front busqué, aux cheveux plus noirs que le plumage du corbeau, les Arabes aux grands yeux fendus, au teint plombé, à la barbe rare, tandis que leurs lèvres découvrent de magnifiques dents blanches. Or ces trois types sont encore faciles à reconnaître parmi les hommes et parmi les femmes ; ils offrent plus de dureté, mais plus de noblesse, et prêtent par conséquent à ce dessin plus ferme qui fait le style. Murillo les écarte, il est attiré par un type plus commun, adouci, un peu effacé, mais charmant, où il se reconnaît lui-même, type que j'appellerai andalous et national par excellence, puisqu'il ne se rapporte à aucune race définie avec certitude, type vandale peut-être, si nous savions ce qu'étaient les Vandales, car il est singulier que ce soient eux qui aient laissé leur nom à l'Andalousie. Aujourd'hui on rencontre à chaque pas dans les rues de Séville des figures qui semblent détachées des cadres de Murillo. Ses Vierges sont à peine idéalisées les yeux sont noirs, moelleux, avec des paupières étoffées, de longs cils, des ombres portées, des teintes olivâtres qui les font ressortir. Les sourcils sont fins ; mais ce n'est pas le divin trait de pinceau des madones de Raphaël. Le front andalous est la partie du visage la plus originale : accidenté, délicat, plein de saillies qui font jouer la lumière, de modelés favorables à la peinture, des ombres légères se promènent sur les surfaces. Les cheveux, bien plantés, forment un encadrement piquant. Les tempes présentent un creux harmonieux plus foncé, qui prête à l'effet et repousse en avant le reste du front. Murillo a copié si exactement la nature qu'il ne l'a même pas corrigée. Le visage andalous a ce défaut que le nez est en général mal fait, la bouche vive, mais sans caractère, le menton peu régulier. Un peintre de style aurait complété ce type ; les habitants d'Urbin ressemblent peu aux créations de Raphaël ; les Vénitiennes ont rarement l'ampleur de formes et les cheveux dorés que leur prêtent les peintres vénitiens, et ce n'est ni aux Florentines ni aux Milanaises que Léonard de Vinci a emprunté ses figures creuses et un peu byzantines. Chaque artiste, parmi ceux qui sont sensibles à la grâce féminine, s'est composé son idéal. Murillo a reproduit le type national à son aise, par plaisir, avec une incroyable facilité, mais sans y rien ajouter.

Les vieilles femmes me fournissent un argument de plus. En Andalousie, le passage est subit de la jeunesse à la maturité. Les races fortes, grandioses, comme dans le nord de l'Italie jusqu'à Rome, les visages que soutient une construction noble résistent au climat, se transforment et acquièrent une beauté nouvelle. À trente ans, à quarante ans, les femmes y règnent encore dans leur plénitude, de même que la fleur se change en beau fruit. À Séville, la race est petite, grasse, mais sans ampleur, les traits n'ont pas d'architecture, les lignes n'ont pas de fermeté. Tout est charme, fraîcheur, duvet, fleur de jeunesse, éclat d'un jour, c'est-à-dire que tout dépend des chairs. Dès que les chairs se fatiguent, la laideur apparaît : les femmes ont dix ans pour être belles et cinquante pour être vieilles. Vous ne verrez point, ainsi qu'en Italie, des mères qui semblent les sœurs de leurs filles et les écrasent de leur splendeur sereine. Les Andalouses, dès que leurs filles ont quinze ans, leur passent le sceptre et se font leurs suivantes. Elles prennent de la duègne le rôle et le visage, elles semblent abdiquer jusqu'à la dignité de mère, car en tous lieux elles cèdent le pas sans vergogne, se placent dans le fond des loges ou sur le devant des voitures, et assistent avec une discrétion impassible aux intrigues que leurs filles nouent et dénouent. Murillo a copié ses vieilles femmes sur le vif ; elles sont décrépites, sans élévation, par exemple dans les tableaux de *Sainte Elisabeth* et de *Saint Thomas de Villeneuve*, où elles servent uniquement de repoussoir.

Les types virils ne sont pas empruntés moins fidèlement à l'Andalousie. Le Christ et saint Joseph, qui se ressemblent si fort qu'on commence par les confondre (je crois même que pour Murillo le père de Jésus-Christ ce n'est pas le Saint-Esprit, mais saint Joseph), sont des Andalous de pur sang. Ils sont beaux, et la barbe cache la partie la moins irréprochable du visage ; leurs yeux sont veloutés, leurs cils ressemblent à de longues franges, les bouches sont sanguines et appétissantes, tous les contours sont moelleux. Une douceur efféminée et je ne sais quelle langueur sont répandues sur l'ensemble des traits, langueur peu chrétienne, qui ne laisse de ressort ni pour l'héroïsme ni pour la souffrance. Les saints et les moines, qui sont le plus souvent sans barbe, présentent plus de caractère. Murillo s'est inspiré du type sec et osseux commun dans la patrie de don Quichotte : il l'a pris bien construit, avec le nez aquilin, la joue cave, l'os frontal saillant, le menton aux tons bleus, l'œil un peu évasé et plus propre, par cette forme, à exprimer l'extase. Il lui est arrivé de copier des modèles abominables, dignes de Ribeira ; mais en général ses extatiques sont beaux, et la fermeté de leurs traits corrige heureusement le regard trop enivré, le sourire trop caressant qu'ils adressent à la Vierge ou au Christ. Quant aux gueux, aux infirmes, aux petits mendiants, Murillo les prenait dans la rue, et cependant leur image est adoucie. Velasquez avait une étreinte autrement puissante lorsqu'il fixait sur la toile ces types nationaux.

Je crois que les plus grands admirateurs de Murillo se contentent de vanter son coloris et ne défendent que faiblement son dessin. Le dessin est en effet maniéré à un point qui surprend chez un peintre qui s'attache à la nature. Avec des qualités si heureuses, il n'échappe même pas toujours à la vulgarité, qui me paraît plus fâcheuse que des doigts mal finis, des bras contournés, des plis lourds ou des draperies qui voltigent de la façon la moins vraisemblable, car si les fautes n'enlèvent pas à une œuvre son caractère, la platitude du dessin le tue. Murillo est un des coloristes qui perdent le plus à être gravés parce qu'il dessine mal. Il est équitable de rappeler que son éducation avait été très imparfaite, et que plus tard sa facilité fut son plus grand ennemi. S'il produisait beaucoup, il travaillait peu ; il improvisait sur la toile, se fiant aux hasards du pinceau plutôt qu'à cette préparation laborieuse et féconde à laquelle nous devons tant d'esquisses et tant de dessins des maîtres. La postérité doit regretter que l'école de Séville ait quitté la voie où elle avait d'abord été engagée. Les premiers élèves des Italiens avaient pratiqué la peinture à fresque ; assurément aucun procédé n'était plus favorable aux pages religieuses qui devaient couvrir les églises. Murillo, avec sa main rapide, son coloris charmant, eût réussi dans ce genre ; il y eût surtout profité beaucoup, forcé d'arrêter à l'avance sa pensée et de tracer sur des cartons savamment étudiés les compositions qu'il fallait faire passer vivement sur l'enduit. En cela, du reste, il semble avoir agi avec son insouciance accoutumée, car lorsqu'il orna la salle capitulaire de la cathédrale de huit médaillons, il les fit sur toile, sans essayer d'imiter Cespedès, qui avait peint à fresque dans la partie inférieure de cette même salle huit compartiments rectangulaires d'un ton agréable et d'un assez bon dessin.

Le sentiment de la couleur fut pour Murillo un don de naissance. Tous les peintres voient bien la nature : combien ils diffèrent, lorsqu'ils essaient de l'interpréter à l'aide des couleurs ! Alors se découvrent les impressions personnelles, les harmonies plus secrètes, les joies plus intimes, les délicatesses plus rares qu'ils voudraient traduire. Quel musicien ne sait trouver des mélodies ? Cependant tel compositeur a des mélodies plus originales, plus suaves, plus pénétrantes, qui affectent plus richement le système nerveux. Il en est de même de la couleur, qui est la musique des yeux, dont les tons offrent des gammes exquises, dont la lumière, inégalement distribuée sur les corps, doit former des accords délicieux. Le coloris de Murillo est d'ordinaire empâté, consistant, plutôt que vigoureux ; dans les noirs et dans les nus, il couvre bien ses toiles, qui ont résisté au temps, comme celles de Titien. Cependant ses figures présentent parfois une apparence de trouble et de saleté. J'ai cherché à me rendre compte de ce défaut en m'approchant. J'ai vu dans les chairs blanches des coups de pinceau lancés par l'artiste pendant qu'il peignait des cheveux noirs ou les ombres des modelés ; j'ai vu des traits fins et multipliés, des retouches lâchées par l'improvisateur, qui épuisait les restes de sa palette. Il obtenait ainsi des tons mieux fondus et plus d'harmonie ; mais il n'évitait pas une certaine malpropreté d'épiderme qui atteste la hâte. Dans les œuvres exécutées avec soin, ces taches disparaissent, le coloris devient plus pur, plus solide, plus sérieux. Les clairs-obscurs de Murillo sont d'un aspect particulier : ils ne sont ni dorés comme ceux de Titien, ni ténébreux comme ceux de Ribeira, ni transparens comme ceux du Corrège. Ils empruntent à la race brune de l'Andalousie des teintes bilieuses qui font une opposition mélancolique avec la blancheur laiteuse et mate des parties claires. Je parle surtout des figures de femmes : dans les figures viriles, il y a plus de convention. On sait déjà combien les anges de Murillo respirent la grâce et l'amour lutin : ils rappellent le matin de la vie, les heures d'oubli, la frivolité joyeuse et les rêves d'un âge qui porte encore dans ses yeux un reflet du ciel. Le charme païen du pinceau contribue à produire cette impression, autant que la naïveté des mouvements ou l'expression des visages. Dans les vêtements et les accessoires, le coloris a de l'éclat, quelquefois de la violence ; il a aussi ces tons neutres qui ressortent par les oppositions, ces effets assourdis qui se fondent par leur douceur même. Comme tous les hommes qui sont guidés par l'instinct plus que par la science, Murillo peut se tromper grossièrement, il peut aussi rencontrer des inspirations exquises. Le tableau de *Sainte Justine et sainte Rufine* est un modèle dans ce genre de coloris.

Jusqu'à quel point la couleur de Murillo peut-elle être comparée à la couleur des maîtres ? Les meilleures toiles de Murillo sont mêlées, dans le salon d'Isabelle, aux chefs-d'œuvre de toutes les écoles et soutiennent mal ce contact redoutable ; elles ont quelque chose de chaud, de séduisant, mais de commun. Rien ne nuit plus à Murillo que le voisinage de Velasquez, car il n'a pas, comme le peintre de Philippe IV, ce pinceau aristocratique, ce coloris imposant à force de vérité, ce frissonnement de l'air qui circule autour des personnages, ces touches fières, ces tons fins et choisis, qui chantent, mais n'éclatent pas, discrets s'ils sont vifs, éteints s'ils sont crus, vigoureux s'ils sont neutres, puissants par juxtaposition, pleins de valeurs relatives, d'assonances, et d'une poésie naturelle comme les vers de Shakespeare. Auprès de Velasquez, le coloris de Murillo a un air roturier, de l'épaisseur, un parfum de sacristie, des reflets qui ressemblent plutôt à la lumière d'une lampe qu'à la blancheur radieuse du jour. Dans l'art, les dons naturels sont beaucoup ; mais l'effort seul les transforme en qualités supérieures. Velasquez, dira-t-on, n'a pas connu ce labeur plus que Murillo, et d'ailleurs le génie espagnol est apathique par tempérament, violent par boutades, indolent par habitude, paresseux par plaisir. Aussi faut-il ajouter que Velasquez était doué plus hautement, et qu'il a pu sans peine prendre place parmi les princes de l'art, tandis que Murillo n'est qu'un peintre habile, plein de charme, auquel on ne peut refuser beaucoup de talent ; mais ce talent n'est pas de premier ordre.

L'école même de Murillo semble confirmer notre jugement, car il a eu une école nombreuse, prolongée ; l'académie qu'il a fondée à Séville n'a vécu que de ses inspirations. Cependant aucun peintre remarquable n'est sorti de son atelier, ses élèves n'ont appris qu'à l'imiter, ou plutôt à le contrefaire. Nunez de Villavicenzio, Meneses Osorio, Philippe de Léon, Gutierez, obtinrent quelque faveur, non parce qu'ils montraient des mérites nouveaux, mais parce qu'ils s'appropriaient si bien la manière de Murillo que tout le monde s'y méprenait. Thomas Martinez, qu'il faut distinguer des douze artistes du même nom, apprit de Gutierez les procédés d'un facile plagiat. Michel de Tobar, qui n'avait que quatre ans lorsque Murillo mourut, se mit plus tard à le copier de façon à tromper les amateurs. De tels succès sont la condamnation du maître, parce qu'ils prouvent que son originalité n'est pas assez relevée, que sa science est très accessible, que les secrets de son coloris sont peu profonds, qu'il a des qualités trop faciles à conquérir par le vulgaire. Ce qui lui est personnel et ce qu'aucun de ses élèves n'a pu lui dérober, c'est la grâce poussée jusqu'à la volupté : eux, au contraire, ont été poussés par l'esprit d'imitation jusqu'à la plus fade platitude. Pour s'en convaincre, il suffit de jeter un regard sur *les Polissons* de Villavicenzio et sur *la Vierge* de Tobar qui sont au musée de Madrid. La Vierge garde de blancs moutons qui lèvent amoureusement vers elle leur bouche ornée d'une rose ; voilà le dernier mot de l'école.

Depuis deux siècles, les habitants de Séville n'ont pas cessé d'admirer et de copier leur peintre favori ; tous ceux qui apprennent l'art de peindre sont nourris dans ce culte. Ne parlez pas aux Andalous de Velasquez : c'est un transfuge, il s'est fait Castillan, et l'on ne connaît point ses œuvres ; mais si vous demandez quel est le plus grand peintre de l'Espagne et de l'Europe, cent mille voix vous crieront que c'est Murillo. L'Andalousie devait bien cette reconnaissance au peintre qui l'a illustrée, qui a traduit fidèlement ses séductions, immortalisé les traits de sa race, et qui demeurera le représentant du caractère national.

ISBN : 978-1976528521

www.ingramcontent.com/pod-product-compliance
Lightning Source LLC
Chambersburg PA
CBHW050252230526
45470CB00005B/2236